1.er Bonnet n° 684

RECIT
VERITABLE

De ce qui s'est fait &
passé à la Benediction &
Ceremonie de l'Eglise
de Nostre Dame de Pa-
ris, à cause d'vn meurtre
qui s'y est commis le
vingt-vniesme iour de
Decembre 1642.

Sur l'imprimé à Paris,
Chez Pierre Targa, Imprimeur or-
dinaire de l'Archeuesché de
Paris, 1642.

3

IL y a fort peu de personnes qui ignorent le meurtre signalé qui a esté commis le 21. iour de Decembre 1642. dans l'Eglise de N. Dame de Paris, sur les neuf a dix heures du matin; mais comme tous n'en sçauét pas les particularitez, ny ce qui s'est passé dans la mesme Eglise au sujet de la profanation qui auoit esté faite dans vn lieu si sainct. I'ay creu que le public qui en verroit le recit, n'auroit pas moins de satisfaction d'apprendre l'Ordre des ceremonies quis'y sont obseruee, que l'horreur du crime pour l'expiatiō duquel il les a fallu faire.

Premierement, quoy que dās la narration d'vn faict il soit le plus souuent necessaire de nōmer le subjet de la chose, & les noms des principaux autheurs de l'action, ie tairay icy par cōsideration, ce que mon peu de cognoissance & d'instruction sur ceste particularité, m'empesche̅t de vous dire, quoy que ie sois tesmoin oculaire de ce que ie vo⁹ racōterai ci apres.

Vn certain hōme ayant esté attaqué pres du Pont S. Michel par vn de ses ennemis, qui auoit encore deux hommes auec luy fust si viuement par eux poursuiui, que l'assailli se voyāt attaqué de la sorte fust contraint de lascher vn peu le pied, defēdāt sa vie le plus qu'il pouuoit, passa par le marché neuf, pour se rendre dans le paruis, & de la dans l'Eglise de nostre Dame esperant trouuer dans vn lieu si sainct seureté de sa vie. Mais l'assaillant ayant plus d'ardeur a se venger que l'attaque de force a se defendre, il donna dans le paruis le premier coup de mort a son ennemy, & receut le dernier dans l'Eglise mesme de N. Dame, la force de la passion de l'assaillant ayāt empesché la recognoissāce de la sain-teté & dignité du lieu ou il cō-mettoit vn meurtre si hardy.

Aussi tost que ce meurtre fut commis on enuoya à l'instant aduertir les Prestres qui se pre-paroient pour celebrer la sain-cte Messe, qu'ils ne passasent

pas outre, & les Messes seule-
ment qui estoient cómencées
principalement la gráde Messe,
ou l'on estoit apres la cósecra-
tion furent racheuee, & du depuis tout le Seruice diuin qui
depuis tant de temps auoit esté
si religieusemết obserué, a esté
cessé jusques au Mardy 23. Decembre ou il fust recommen-
cee auec vne deuotion admi-
rable, apres les ceremonies
dont l'ordre s'ensuit.
Premierement Monseigneur
l'Archeuesque de Paris sortant
de son Hostel Archiepiscopal,
est venu ioindre le venerable
corps des Chanoines de N. Dame dans le paruis, auquel lieu
estoit preparé vne table tout
vis a vis de la maistresse porte

de ladite Eglise, sur laquelle table estoient les habits Pontificaux de Monseigneur l'Archeuesque, desquels s'estant reuestu le bas cœur à commencé les Litanies des Saincts qu'on dit le iour du Samedy Sainct a l'eau beniste, & apres quelques Oraisons & prieres dites par Monseigneur l'Archeuesque, on a ouuert la grande porte deladite Eglise N. Dame, où Monseigneur est entré en Processiō auec tout le corps des Chanoines tous en ordres, tousiours chantant iusques a ce qu'on est arriué deuant le Crucifix ou la Procession s'estant arrestee, Monseigneur l'Archeuesque a commencé quelques prieres, & puis on a continué la pro-

cession tout a l'entour de l'E-
glise au dedans, durant laquelle Monseigneur faisoit asper-
sion d'eau beniste par tout ou
il passoit, iusques a ce qu'estant
arriué au lieu ou le meurtre a
esté commis s'estant vn peu ar-
resté il a ietté trois fois de l'eau
beniste tout a l'entour de ceste
place, puis la procession est par-
tie en trauersant dans la Nef
pour aller a S. Denis du Pas sortant par la grande porte du co-
sté du Cloistre, dans laquelle
Eglise s'estant arrestee Monseigneur l'Archeuesque a pris le S.
Sacrement, qui incontinent
apres le meurtre commis dans
l'Eglise de N. D. y auoit esté
transporté, & où mesmes Messieurs les Chanoines chantoiér

leurs Matines, & faisoient l'Office pendant les deux iours que l'Eglise a esté fermée. Or Monseigneur en prenant le Sainct Sacrement à commencé (l'ange lingua) auquel tout le corps a respondu, apres quoy, la Procession est sortie & continuant tousiours son chant, à tourné par dedans l'Archeuesché, & est rentrée dans l'Eglise par la grande porte, Monseigneur portant tousiours le S. Sacrement, est venu auec toute la procession iusques au Maistre Autel, sur lequel il a mis le Sainct Sacrement dans le Cyboire, & de la s'en est reuenu en mesme ordre deuant la Chapelle de la Vierge, où il a remis pareillement le S. Sacrement, qui auoit tousiours accoustumé d'estre dans le Tabernacle de cet Autel, à laquelle Chapelle Monseigneur a fait celebrer la premiere Messe par son premier Aumosnier, où il a assisté, ensemble tout le corps de Messieurs les Chanoines, auec vne deuotion tres-particulier, outre vne affluence de peuples incroyable.

FIN

www.ingramcontent.com/pod-product-compliance
Lightning Source LLC
Chambersburg PA
CBHW060457050426
42451CB00014B/3368